BALET
DE
L'ORACLE
DE LA
SIBILE DE PANSOVST.

Dansé au Palais Royal, & à l'Hostel de Luxembourg.

A PARIS,
Chez IEAN BESSIN, ruë de Reims prés la porte du College.

M. DC. XLV.
Auec Permißion.

BALET DE L'ORACLE DE LA SYBILE DE PANSOVST.

RECIT
De la Renommée, accompagnée de la Curiosité & de la Verité.

JE suis l'Illustre vagabonde
Qui fay valoir les grands exploits,
Et publie auec mes cent voix
Toutes les merueilles du monde;
I'en voy beaucoup icy, mais que n'ay-je autant d'yeux
Que de langues pour les voir mieux.

A

*Combien de Deitez mortelles
Ont icy des charmes diuers
Si ie dy par tout l'Vniuers
A peu prés comme elles sont belles,
Ie porte de leur part vn trespas tout certain
A la moitié du genre humain.*

*Que par tout les armes se posent,
Que la Valeur se trouue à bout,
Qu'on ne fasse plus rien du tout,
Que les Conquerans se reposent:
Tant que de si beaux yeux auront dequoy brusler,
I'auray tousiours dequoy parler.*

I. ENTREE.

Vn Maréchal des logis & trois Fourriers viennent marquer les logis de Panurge & de sa suite.

AVX DAMES.

BElles, dont la rigueur maltraite les Amans,   Messieurs
Lors que vous nous voyez marquer des logemens   de Brion,
Pour ceux qui sur nos soins leur domicile fondent,   S. Agnan,
A voir vn procedé si remply d'amitié   Langeron,
Ie ne sçay comme quoy vous n'auez point pitié   Genlis.
   Des pauures gens qui se morfondent.

II. ENTREE.

La Sybile Panſouſt ſuiuie de deux Magi-
ciennes nommées Armide &
Vrgande la décognuë.

AVX DAMES.

Les ſieurs des Noyers, Cornu, Boucher.

JE voy dans le futur,
Et ſçay ternir l'azur
Dont le Ciel ſe colore,
Ie fay par tout éclore
Ou les maux ou les biens:
J'ay de puiſſantes armes,
Et toutesfois ie tiens
Le moindre de vos charmes
Plus fort que tous les miens.

La Sybile & ſa ſuite rentrent dans vn an-
tre dont elles eſtoient ſorties.

III.

III. ENTREE.

Rabelais va consulter sur le succez du Balet, & revient donnant les vers du Balet.

JE viens consulter la Sorciere
Pour sçauoir touchant ce Balet,
Dont on prit chez moy la matiere,
S'il doit estre agreable ou laid.

Le sieur de Vespré.

Réponse de l'Oracle.

IL n'est pas iuste qu'il se flate
De l'espoir de donner plaisir,
On l'entreprit trop à la haste,
On le dance trop à loisir.

IV. ENTREE.

Panurge auec deux de ses Compagnons consultant les Docteurs s'il se doit marier, ou non.

<small>Monsieur de saincte Frique, les sieurs Souuille, Balon.</small>

IE ne sçay si le mariage
Est le party qu'il me faudroit,
Les vns l'appellent vne cage,
D'autres le nomment tout à droit
Le grand chemin du cocüage:
Il n'est rien tel que le ménage,
Dit l'vn, l'autre romps toy le cou
Plutost que d'entrer en seruage;
Si ie me lie ou me dégage
A vostre auis, seray-je fou?
A vostre auis, seray-je sage?

V. ENTREE.

Les Docteurs Esope, Cujas & Gallien consultans pour Panurge.

LA question est grande, & pour y pouuoir mordre
Le Philosophe est trop flouet,
Et voila sur ce poinct dont l'on fait vn iouet
La Iurisprudence en desordre
Et la Medecine au rouet.

Monsieur de Clinchât, les sieurs Môtesquiou Beaubrun.

Réponse de l'Oracle à Panurge.

SI ta Maistresse est ieune & belle
Tasche de n'en pas mal vser:
Mais te mariant auec elle
Garde-toy bien de l'épouser.

VI. ENTREE.

Cinq ieunes débauchés qui ayans mangé tout leur bien, vont consulter la Sybile pour trouuer les moyens de pareſtre inuiſibles à leurs creanciers.

Meſſieurs de Luyrcs, de Rouines, Saintagnar, d'Aluy, Raliere.

HA que la deſbauche eſt funeſte,
Nous auons ſans nous en vanter,
Deuoré tout, & ne nous reſte
Rien que le deſſein d'emprunter:
De ſçauoir où s'eſt diſperſée
La ſomme trop toſt deſpenſée
Ce n'eſt pas vn trop grand ſecret,
La moitié de noſtre eſcarcelle
Eſt demeurée au cabaret,
Et l'autre chez la Damoiſelle.

Nous n'auons pas le double en poche
Quoy que nous ſoyons fort pimpans,
Et ce nous eſt vn dur reproche
De viure vn iour à nos deſpens;

La

La chemise à demy tirée,
Et l'épaule toute poudrée
Nostre bonne mine en seduit :
Mais aussi ce qui nous poignarde,
C'est que le Creancier nous suit
Lors que la Dame nous regarde.

Réponse de l'Oracle.

IE vous conseillerois de rendre,
Pour voir ces Messieurs moins pressans,
Mais vous ne pouuez rien comprendre
A l'obscurité de mon sens.

VII. ENTREE.

Monsieur de Saintot, & le sieur de Lalun.

Deux vieilles Gaupes qui viennent consulter la Sybile pour aprendre d'elle la Fontaine de jouuance, ou le remede à la vieillesse.

Nous auons bien de l'âge & desirons pourtant
N'en parestre pas tant,

Il nous vient tous les iours quelques rides nouuelles,
Et voulons estre belles.

Nous auons resolu de faire nos efforts
A rebastir nos corps:
Et bien que nous soyons vieilles comme nous sommes,
Nous voulons plaire aux hommes.

Réponse de l'Oracle.

Comme la necessité presse,
Et que le siecle est indigent,
Si vous voulez de la Ieunesse,
Vous en aurez pour vostre argent.

Le sieur S. André.

VIII. ENTREE.

L'Amant infortuné qui cherche le secret de plaire.

Ie suis fait comme vn autre, & dans chaque maison
I'ayme, & ne suis souffert de brune ny de blonde,
Ou ie suis vn fascheux, ou certes i'ay raison
De croire qu'il n'est pas vne Coquette au monde.

Il n'est point de Ialoux qui pense à me détruire,
Il me laisse sa femme alors qu'il m'aperçoit,
Et la laisse sans crainte encor que pour luy nuire
I'aye l'intention comme il faut qu'elle soit.

Que ie marche sans suitte, & qu'entre chien & loup,
Le manteau sur le nez ie monte où ie deuale,
Messieurs les médisans n'y gagnent pas beaucoup,
Et ie n'ay peur de rien quand ie crain le scandale.

Enfin i'ay beau languir parmy les douces flames,
Ny mes pas ny mes soins ne peuuent obliger,
Et ie rencontrerois plutost toutes les femmes
A l'heure de la mort qu'à l'heure du Berger.

Réponse de l'Oracle.

Pour bien faire ce qu'on veut faire
Il faut la grace & la façon,
Mais de crainte de vous desplaire
Je vous renuoye à la chanson.

Recit de la chanson d'Amant infortuné, &c.

IX. ENTREE.

Les sieurs des Noyers, Cornu, Boucher.

Vne femme yvre conduite par deux vignerons yvres, qui vont à la Sybile pour voir si les vignes geleront.

SY les vignes s'en vont geler,
Qu'est-ce qui nous peut consoler
En cette vie infortunée ?
Toutesfois grace au bon destin,
Nous en auons pris ce matin
Pour tout le reste de l'année.

Réponse de l'Oracle.

SY tous les fous & les yvrongnes
Ont don de prophetie en soy,
Vous pouuez passer à vos trongnes
Pour plus grands Oracles que moy.

X. ENTREE.

Le Roy Anarche sur vne broüette assis dessus vn tonneau suiuy des siens.

Le sieur Beaubrun, & M.rs de Luynes, de Rouénez, de Brulon, & le sieur Langlois.

Moy qui suis vn grand Potentat
A qui tant de fortune & d'honneur on souhaite,
Et qui me puis vanter remplissant ma broüette
Que ie remplis tout mon Estat:
Que ie sçache en vn mot ou mon gain ou ma perte,
Que deuiendray-ie enfin ?

Réponse de l'Oracle.

Pileur de sauce verte.

XI. ENTREE.

Deux Aueugles conduits par deux boiteuses bossuës qui vont chercher l'Oracle.

M.rs le Cheualier du Guet, Saintot, Memont, & Vieux-Chasteau.

Nous sommes tous quatre en posture
De faire des souhaits de byare nature,
Et n'auons seulement besoin pour estre mieux,
Que de iambes & d'yeux.

D

Réponse de l'Oracle.

Courage, bien que l'vn boite,
Et qu'à l'autre tout soit dueïl,
Dés que l'vn ouurira l'œil,
L'autre aura la iambe droite.

XII. ENTREE.

Polexandre & sa suite cherchant l'Isle inaccessible.

*Mrs de Co-
menge,
Brion,
Langeron,
Genlis,
& les Srs de
Verpré,
Lalun.*

I'Ay veu la Mer, i'ay veu la Terre,
I'ay fait la paix, i'ay fait la guerre,
Tantost à la Campagne, & tantost à la Cour,
Ie me suis en cent lieux transporté dans peu d'heure,
Et ie n'ay sceu iamais arriuer où demeure
L'Illustre Objet de mon Amour.

Réponse de l'Oracle.

TV dois, à ce que ie preuoy,
Continuer dans ta poursuite,
Vn aueugle y voit mieux que moy,
Et tu dépens de sa conduite.

XIII. ENTREE.

Fernand Mendez Pinto auec deux matelots consultant l'Oracle sur la découuerture de l'Isle de Calampluy.

M.rs de Mõglas,
Saintefrique
& Montesquiou.

IE ne crain perte ny naufrage,
Et dans le plus fort de l'orage
C'est où i'ay l'esprit le plus sain :
En vain Neptune se courouce,
Il faut que sa fureur s'émousse
Contre mon illustre dessein.

Réponse de l'Oracle.

VOus aurez bien-tost fait conqueste
De l'Isle, & de ses habitans
Si vous iurez dans la tempeste
Et priez Dieu dans le beau temps.

XIV. ENTREE.

Les Srs de
Souuille,
S. André.

Deux Cheualiers errans cherchans leurs Maitresses.

Nos mains au combat animées
Ont sacagé plaines & monts,
Nous auons iousté sur les ponts,
Nous auons deffait les armées :
Il n'est ny Monstre ny Geant
Que nous n'ayons mis à neant
Par nos fatigues & nos veilles :
Mais nous ne trouuons point les Palais enchantez
Où regnent ces deux Deitez
Qui nous font faire ces merueilles.

Réponse de l'Oracle.

Sortez du Royaume des Fables,
Et coulez vous sans dire mot
Au logement des Incurables
Que vous a marqué Dom Quichot.

XV. ENTREE.

Les Immodestes consultans quand le bon temps reuiendra. Monsr de Clinchant, & L'anglois.

Qve l'on neglige nos talens
I'ai veu que nous estions trop riches
Quand nous n'auions que deux chalans
Pourueu qu'ils ne fussent point chiches :
O que de malediction
Tombe sur la vacation
Et rend le mestier inutile !
A present ie ne pense pas
Que tous les pechez de la Ville
Nous peussent fournir vn repas.

Réponse de l'Oracle.

Sans embarasser ni confondre
Vostre iugement éperdu,
Tout ce dont ie vous puis répondre,
Est vn Commissaire assidu.

E

XVI. ENTREE.

Mrs de Brió,
D'aluy,
de Raliere.
Trois Dorimenes qui cherchent la bonne fortune chez la Sybile.

Nous auons les yeux aſſez doux
Et ne manquons point de merite:
Mais la plus ſeuere de nous
N'eſt pas autrement hipocrite;
Nous n'affections point de ſçauoir,
Les loix d'honneur ni du deuoir:
Mais malheureuſes que nous ſommes
On ſe pleint de nous à loiſir,
Et cependant il eſt peu d'homme
A qui nous n'ayons fait plaiſir

Réponſe de l'Oracle.

Mettez voſtre argent à la banque
Et prenez viſte le galop,
Auſſi bien le Canada manque
De ce que Paris a de trop.

XVII. ENTREE.

Deux gueux & deux gueuses qui cherchent le moyen de paruenir.

Mrs de Sain-
&ot,
Memont,
Plessis
Bruslon,
& les sieurs
de Vieux-
Chasteau,
& Lalun.

Bien que vous nous voyez gueuser par les maisons,
Il n'est pas vn de nous qui pourtant ne se flate,
Et nous auons encor d'autres demangeaisons
Qui nous tiennēt ailleurs qu'aux lieux où l'on se grate :
Car nous ne sçaurions nous tenir
D'essayer tous à paruenir.

Réponse de l'Oracle.

Coupez quelques bourses honnestes,
Et soyez pris tout d'vn plain saut,
Fussiez-vous plus bas que vous n'estes
Vous ne paruiendrez que trop haut.

RECIT

A deux visages, dont l'vn sera Musique d'instrumens, & retournans l'autre visage, Musique de voix.

Vestus à l'Espagnolle.

Quoy faudra-t'il tousiours viure dans la tristesse?
Nos maux n'auront-ils point de cesse?
Et ne reuerrons nous iamais
L'Abondance & la Paix?

La France endure peu dedans cette querelle,
Nous sommes bien plus pressez qu'elle,
Elle reuerra desormais
L'Abondance & la Paix.

Il vaut

Il vaut mieux luy ceder puis qu'enfin tout luy cede,
Nous n'auons point d'autre remede
Par où nous reuoyons iamais
L'Abondance & la Paix.

XVIII. ET DERNIERE ENTREE.

Deux Espagnols & deux Espagnoles qui viennent consulter la Sybile pour sçauoir quand la guerre finira.

L A Valeur est chez nous, & tient à son costé
  La Generosité,
Les autres Nations nous les traitons d'esclaues:
Mais nous viuons de raues,
La guerre est tout nostre element:
Mais pour ne point faire les braues,
Elle a duré trop longuement.

F

Réponse de l'Oracle.

Tout chacun souhaite à plein zelle
Tant de debas se terminer :
Mais la Paix est vne pucelle
Fort difficile à gouuerner.

Fin de tout le Balet.

www.ingramcontent.com/pod-product-compliance
Lightning Source LLC
Chambersburg PA
CBHW060639050426
42451CB00012B/2673